D1722330

Mutter Marie Therese

Maria, meine Mutter, ich grüße dich

Mariengebete

Mutter Marie Therese

Maria, meine Mutter, ich grüße dich

Mariengebete

MuNe-Verlag

Zum Titelbild:
Wandbehang von Traute Multhaupt, Paderborn.
Wie einst die Bundeslade im Tempel, so ist die Himmelskönigin in einem
lichten Zelt geborgen, das die Liebe Gottes symbolisiert. Aarons blühen-
der Stab trägt den himmelsblauen Vorhang, der an den Vorhang vor dem
Heiligtum in Jerusalem sowie auch an den Mantel Mariens erinnert und
den Eingang vor neugierigen Blicken schützt. Der Mond, die weibliche
Seite Gottes und der Geburtsstern am Giebel des Hauses, weisen auf
Christus hin, der in sich Männliches und Weibliches harmonisch vereint.
Engel halten Wacht über dem heiligen Ort.

Band 9802
© MuNe Verlag Paderborn
ISBN 3-933425-03-4

Zusammengestellt von
Generalsuperior Karl-Heinz Haus
mit einem Vorwort von
Pfarrer Hermann Walch

Herausgeber:
Communio in Christo e. V., 53894 Mechernich

Titelgestaltung, Satz, Layout:
Elisabeth Neuhaus, MuNe Verlag, Paderborn

Gesamtherstellung:
MuNe Verlag, Südhang 5, 33106 Paderborn

Druck:
Ulrich Hansmann, 33106 Paderborn

INHALT

Es gibt eine unübersehbare Anzahl von Titeln und Attributen, die der Gottesmutter gegeben wurden. Eine besonders überraschende und zugleich faszinierende Beschreibung steht in diesem Buch gleich im ersten Gebet: „Die Kirche erwacht in Deiner Gegenwart."

Diese Aussage ist zugleich der Schlüssel zum Verständnis der gesamten Beziehung von Mutter Marie Therese zur Gottesmutter. Sie steht in einem inneren Zusammenhang zu einem der Autorin besonders vertrauten Titel Mariens: „Stella Maris – Stern des Meeres." Die Sterne sind die Leuchten in der Nacht, die vor der aufgehenden Sonne Trost und Orientierung geben. Sobald Maria aufleuchtet, „erwacht die Kirche" und macht sich bereit für die aufgehende Sonne, für Christus.

„Die Kirche erwacht in Deiner Gegenwart", – das bedeutet auch: sie wird sich bewußt, wer sie ist. Wie der Stern sein Licht von der Sonne erhält, so ist auch Maria – und mit ihr die Kirche – ein reines Werk der Gnade Gottes. Maria darf – gerade aus vollkommener Demut – auf sich selbst zeigen, weil sie dabei allein auf das zeigt, was Gottes Gnade bewirken kann, wenn der Mensch dazu sein Fiat gibt.

Die Mariengebete von Mutter Marie Therese sind die Frucht einer „gesunden" Frömmigkeit und Verehrung Mariens im Sinne der Kirche. Sie sieht sowohl die Gottesmutter als auch die Kirche immer in Beziehung zu Christus. Beide sind ohne ihn nicht denkbar. Wenn etwas gegen sie gesagt wird, trifft es Christus. Weil ihr Christus alles bedeutet, ist sie eine Kämpferin für seine

Mutter und für seine Gründung, die Kirche. So verwundert es auch nicht, daß Mutter Marie Therese nicht nur eine sehr große Anzahl von Hymnen an Maria, sondern gleichzeitig auch immer neue Oden an die Kirche verfaßt hat.

Diese Aussage „Die Kirche erwacht in Deiner Gegenwart" bedeutet somit, daß eine Kirche, in der Maria nicht mehr „gegenwärtig" ist, das Staunen, das Ergriffensein und das Offensein verlernt für das ständig neue Wirken des Geistes Gottes. Mutter Marie Therese hat als Gründerin des Ordens Communio in Christo nicht nur die Marienverehrung rehabilitiert, sondern auch den Anspruch dieses Geistes für seine Kirche geltend gemacht, damit sie nicht in ihrer Geruhsamkeit einschläft, im Gesetz erstarrt und in der Liebe erkaltet.

In ihrem Buch „Das Experiment meines Lebens" schreibt Mutter Marie Therese: „Mit Maria steht und fällt die Lehre der Kirche. Ohne Maria erlischt das Leben der Kirche, wirkt die Kirche tot." (S. 23)

„Die Kirche erwacht in Deiner Gegenwart" – das heißt: alles in ihr wird hellwach für Christus. Ist es nicht der Sinn des Rosenkranzgebetes, uns die Augen unseres Herzens zu öffnen, damit wir aus der Perspektive der Gottesmutter und mit ihrem Gedächtnis auf die Mysterien des Lebens Jesu und des Heilswirkens der Dreifaltigkeit blicken? Diese Gebete stammen aus einer solchen Tiefenschau einer großen Charismatikerin, in der die Geheimnisse des Lebens, des Leidens und Sterbens, der Auferstehung und der Geistsendung Christi Gestalt angenommen haben. Der betende Leser wird deswegen die Seelenverwandtschaft zwischen der Gottesmutter und Mutter Marie

Therese entdecken. Er begegnet der unerschöpflichen Vielfalt der Großtaten Gottes an Maria, aus denen man eine wunderbare Litanei zusammenstellen könnte, die wie ein einziges Magnificat erklingt. Er begegnet dem Meer ihres Leidens, das so tief wie ihre Liebe ist. Wer würde nicht fasziniert sein von der Unbeschwertheit und Direktheit, mit der Mutter Marie Therese ihre Liebe zur Gottesmutter bekundet, sehr wohl wissend, daß auch oder gerade bei der größten Heiligen vor allem die Liebe zählt.

Pfarrer Hermann Walch

Mutter Maria,

Du hast mich gelehrt,
auf Dich meine Hoffnung zu setzen.
Von Dir, o Mutter, bin ich berührt,
von Dir geführt und gestärkt,
den Weg der Entscheidung zu gehen,
von Dir gerufen und gelenkt,
auf Jesus zu hören und seinem Plan zu dienen.
Von Deiner mütterlichen Liebe
werde ich aufgefordert,
dem Geist zu folgen für den Dienst in der Kirche.
Von Deinem Fiat bin ich getroffen und ermutigt,
schmerzerfüllt in das Skandalum
der Passion Jesu Christi hineinzugehen.
Von Deiner Demut werde ich aufgefordert,
die Wahrheit meiner Hinfälligkeit zu preisen,
Gott zum Dank und zur Glorie
sie als höchstes Geschenk zu bewerten.
Von Deiner Reinheit bin ich erfaßt,
in Dir, o allerliebste Mutter,
die eucharistische Wirklichkeit erleben zu dürfen,
Gottes Liebe zur Ehre und zum Dank.
O selige Gottesgebärerin,
gepriesen und vergessen vom Unglauben dieser Zeit.
Die Kirche erwacht in Deiner Gegenwart.
Du bist unzertrennlich verbunden mit dem Erlöser,
von der Geburt bis zur Auferstehung.
Wahrzeichen einer Liebe,
die weder in Worten noch in Gefühlen Ausdruck findet.

Deine Demut ist der Gehorsam zu der Bitte
des Himmels, Mutter Gottes zu werden.
Deine Reinheit verpflichtet mich
zur Annahme der Macht Gottes,
in der das Geheimnis unendliche Bewegung ist.
Deine Einfachheit krönte Dich
mit dem Namen „Mutter",
die Wirklichkeit des menschgewordenen Wortes.
Unzählige Namen hast Du Dir erworben.
Jungfrau, die Zierde Deines übernatürlichen Lebens.
Kein Lob würde reichen,
keine Sprache könnte Dein Dasein preisen,
keine Gefühle des Herzens
könnten sich Deiner mütterlichen Liebe nähern,
kein Mensch findet Dankesworte,
um Gott zu danken und ihn zu loben für das Geschenk,
Dich als Mutter ansprechen zu dürfen.
Du bist so wirklich,
ein Vorbild für die Menschen.
Deine Vollkommenheit ist
die Wiedergutmachung aller Bosheit.
Du bist die Zierde der Erde,
die goldene Rose, die unseren Weg schmückt.
Du bist der Trost in allem Leid,
die Königin des Himmels und der Erde.
Wer sich mit Dir verbündet,
sich leiderfüllt an Dich wendet,
wer in Dir den Glauben findet,
wer das Geheimnis in der Unendlichkeit gelöst sieht
und Deine Größe um der Liebe willen ehrt,
der bekennt sich zu Gott, dem Allmächtigen,
der bekennt sich zu seinem Nichts

14

und erwartet alles, was seiner Nichtigkeit Kraft gibt.
Maria, meine Seele preist Gott
und bejubelt meinen Retter.
Du hast mir den Erlöser gebracht.
Dafür danke ich Dir und lobe Dich,
die die Gnade beantwortete,
Dienerin Gottes zu sein.[1]

17. März 1992

Maria,

ich erkannte Dich, als ich noch ein Kind war,
schöpfte Kraft und Trost aus der Gewißheit,
Dich Mutter nennen zu dürfen.
Mein Leben ist beherrscht von Deiner Reinheit.
Die Wahrheit über Dich fand ich
in der Majestät Gottes.
Nur in Dir ist Gott zu finden in seiner Erhabenheit.
Ich habe begriffen, wer Gott ist
und aus welcher Reinheit er geboren wurde.
O Seraph des Himmels, ich grüße Dich,
verborgene Schönheit der Liebe,
der Reinheit und Heiligkeit.
Tabernakel des Heiles,
der Wollust fremd.
Selig, Du Begnadete,
selig, Du Jungfrau,
unbefleckt empfangen,
überschattet vom Heiligen Geist,
in der göttlichen Liebe erzeugt.
Selig, heilige Mutter,
die Begegnung des Glaubens,
die im Fiat unserer Erlösung zustimmte.
Selig, Du allerinnigste Mutter,
Triumph aller Angst,
die Gunst und Zuversicht derer, die zu Dir rufen.
Bitte für mich.
In Dir wurde das Wort zur Quelle,
aus deren Schoß das lebendige Wasser sprudelt,

die Kraft und Freude für unser Leben.
Wirksam schneidend das Schwert,
das Dich durchbohrte.
Zweimal geschaffen bist Du:
Einmal für Gott, einmal für die Kirche.
Braut wirst Du genannt,
sanftmütige Mutter,
kraftvolle Persönlichkeit in der Zärtlichkeit,
Mutter der schönen Liebe,
zu rein, um der Welt zu gleichen,
Mutter des Rates,
die ohne Unterlaß Wege zu Gott erschließt.
Gedanken an Gott erfüllen Dich.
Dem Sünder schenkst Du Deine huldreiche Liebe.
Mittlerin aller Gnaden.
Selig bist Du, gute Mutter,
die uns Christus schenkte, um Gott nahe zu sein.
Die alles opferte,
um ihn zu offenbaren in seiner Barmherzigkeit.
Ich grüße Dich, Maria, und preise Dich selig,
die mich bitten läßt:
Heilige Maria, rette diese Zeit von der Mühsal,
von aller Angst, von Qual und Hunger.
Rette sie von allem Egoismus, der Geißel der Welt.
Rette die von Schmerz Gequälten,
schenke Ruhe, wo der Unfriede sich eingeschlichen hat,
schenke uns Glauben, damit wir bekennen können:
Ich glaube an Gott den Dreieinen. Amen.[2]

5. Dezember 1987

Maria,

Du allerliebste Mutter,
heute begebe ich mich zu Dir,
Du höchster aller Träume.
Deinen Schutz begehre ich,
von Deiner Reinheit will ich kosten.
Die Liebeserfüllung
ist in Dir das Fundament einer unendlichen Erwählung.
Von Gott Vater erkoren zur innigsten Verschmelzung,
des Geistes Schmuckstück,
Tempel seiner Liebe,
Gipfel der Allmacht Gottes.
Aus Deinem Schoß entsprang die Himmelsgabe,
der Erlöser aller Schuld.
Schmerzensmutter ist die Zierde Deiner Erwählung.
Christus, Deinen Sohn, sollst Du begleiten.
In den Willen Gottes eingetaucht,
erfuhrst Du das Maß der Gottesliebe,
die Deine Jungfräulichkeit krönte
mit der totalen Hingabe.
Seitdem gehst Du den Weg der Ablehnung.
Deine Reinheit ist die zeitliche Frage.
Gott ist seiner Allmacht entblößt.
Sterbend hängt Dein Sohn am Kreuze,
umarmt die Welt in brennender Glut.
Du stehst unter dem Kreuz,
um im gleichen Feuer Gott zu ehren
für das unermeßliche Erbarmen.
O Mutter, ich sehne mich danach,

von Dir zu lernen,
Deiner Reinheit zu gedenken,
aus der Gottes Macht hervorquillt.
Ich möchte flehen, mich zu schützen,
damit ich Dir in würdiger Weise als Kind begegne.
Hoch sei gepriesen, o liebste Mutter,
die Du erkoren bist.
Gott sei gelobt, der Dich erwählte,
und mir eine solche Mutter gegeben hat.
O Du Reine, o Du Makellose,
o Du allerliebste Mutter,
ich liebe Dich bis in Ewigkeit.[3]

4. Dezember 1992

Maria,

höchste aller Frauen.
Rein und unbefleckt.
In der Kraft des Heiligen Geistes
schaust Du auf den Retter der Menschheit,
ist Deine Ehrfurcht und Liebe
die Strahlkraft Deiner Erlösung.
Dein Fiat, o allergnädigste Mutter,
zeigt die Wahrheit, die uns freimacht.
Deine Einfachheit machte Dich
zur himmlischen Mutter,
zur Sonne der Dreifaltigkeit.
Aus Deinem Schoß gipfelte die Erlösung.
Dein Sohn offenbarte die unermeßliche Größe Gottes.
O heiligste Mutter,
Zierde aller Geschöpfe,
in Dir erkennen wir die Allmacht Gottes,
erleben wir seine Schaffungsmacht.
Was Dir geschah, ist der Reichtum für uns,
was aus Dir hervorbrach,
war die Überwindung unseres Todes.
In der Armut dieser Krippe blickst Du auf das Kind,
das der Welt so viel verspricht.
In der Verschmelzung mit Gott,
der Dich zur höchsten Gemeinsamkeit erkor,
erlebtest Du die verhängnisvolle Strafe
über die Menschheit,
erfaßtest Du die Befreiung in innigster Verzückung.
Du allein, o heilige Mutter, kennst den Preis der Sühne,

weißt um die Innigkeit der Liebe
zwischen Gott Vater und Sohn.
Der Brand des Heiligen Geistes
hat Dich zur Hingabe gebeten.
In Dir, o Mutter, ist die Reinheit die Ursache,
Gottes Sohn zu gebären.
Ich schaue auf Dich, deren Blick auf diesem Kind ruht,
bin angetan von Deiner Größe.
In Dankbarkeit schaue ich auf einen Retter,
dem Du, o liebste Mutter, Dein Jawort gabst.
In dieser Zeit, nimmt man Dir die Allmacht Gottes
und Deinem Sohn die Gottheit.
Was wäre Weihnachten ohne Glauben.
Welche Liebeskälte erlebten wir,
wenn uns der Erlöser fehlte.
Allerliebste Mutter,
in jeder Sekunde flehe ich für den Glauben,
der in der Demut bestätigt,
daß Du die absolut Reine bist,
die Unbefleckte und Jungfrau
gebliebene Mutter Maria.
Ich bitte Dich, o Mutter, für diese verwirrte Zeit,
um den Glauben an diese Geburt,
damit der Friede sich in allen Herzen inkarniere
zum Dank und zur Glorie an Gott,
in Vater, Sohn und Heiligem Geist.[4]

22. Dezember 1992

Maria,

gegrüßt bist Du, Maria,
die Vergessene.
Gegrüßt bist Du, o Allerreinste,
die in Frage stehende Jungfrau.
Gegrüßt bist Du, o heilige, hochverehrte Mutter,
die Wirklichkeit von Gottes Allmacht.
Gegrüßt und angebetet bist Du, Mutter,
Zierde von Gottes Herrlichkeit.
In Vater, Sohn und Heiligem Geist
bist Du das Licht für uns Sünder,
strahlst Du in der Verborgenheit eines Jawortes.
Für mich bist Du die Wiedergabe der Hingabe,
der Liebe Gottes schlechthin.
Groß ist Dein Name.
Goldene Rose nennt man Dich,
Dienerin aller Gnaden,
deren Wirken kein Ende hat.
Erkoren als unsere Mutter,
begnadet mit einem Herzen,
das uns nur Zuversicht schenkt.
In der Freude der Geburt Jesu
und im Schmerz Deines geliebten Sohnes
bist Du die Mutter, die neu gebärt.
Deine Hingabe erreichte die höchste Verzückung,
Deine Mutterschaft,
in der Du das Liebste,
was aus Deinem Schoß geboren wurde,
Gott und der Welt gabst.

Von vielen ist der Glaube gegangen,
Dich als Jungfrau anzuerkennen.
Von des Geistes Macht befruchtet,
stehst Du da als entthronte Magd,
in der Gottes Einmischung geleugnet wird.
O Mutter, ich grüße Dich, o Allerreinste,
hochbegnadet und gottgefällig.
Ich grüße Dich, die ich liebe,
denn Gott selbst ist das Licht,
das Deine Reinheit bestätigt.
In Dir ist der Glaube zur Liebe geworden,
gipfelt die Schönheit verheißenen Glücks.
In Dir leuchtet der Retter.
In Dir sind wir geschützt, um zu glauben.
Deine Mutterschaft ist das Glück der Menschen.
Um den Erlöser zu finden, bist Du der Zeuge.
Ich danke Dir, o Mutter,
daß Du es wagtest,
den herzzerreißenden Plan Gottes zu bejahen.
Dein Fiat hat uns die Gerechtigkeit gebracht.
Deine Reinheit ist Deine Mutterschaft,
unser Privileg,
in Dir eine herzensgute und
fürsorgende Mutter zu haben.
Sei gegrüßt, allerliebste Mutter,
Du Sonne der Dreifaltigkeit,
Gott Vater, Sohn und Heiliger Geist.[5]

29. Dezember 1992

Mutter,
Wonne meiner Träume,
Glorie des Geistes,
Abbild des reinen Wesens Gottes,
Ikone der Trinität,
gottgefällige Frau,
die Alternative aller Bosheit.
Gesegnet bist Du, o Reine,
die Unbefleckte aus Gottes Gnade.
Gepriesen von allen Geschlechtern.
Gemieden von denen, die Gott nicht kennen.
Die Pforte zum Glück, zum ewigen Erleben der Liebe.
Die gütige, o so milde Mutter.
Die Warnung vor allen Sünden.
Gerühmt wegen ihrer Hingabe,
für die Bereitschaft in ihrem Schoß.
Sie ahnte die Unsicherheit dieses Jahrhunderts,
wurde die Schmerzensmutter,
mit dem Auftrag beladen
und in der Erkenntnis bestärkt,
Mutter des Sohnes zu werden.
Ohne menschliche Einmischung,
der Infragestellung ausgeliefert,
bejahtest Du die Wirkung des Geistes,
der Dich zu der innigsten Vereinigung gebeten hat.
O Mutter, gesegnet ist Dein Fiat,
gesegnet Dein Schoß,
aus dem das Heil aufblühte.
Gesegnet Deine Stärke, Deine Liebe schlechthin.

Dankerfüllt verneige ich mich vor Dir,
die ich zärtlich und voll Liebe begrüße.
Du bist das Schmuckstück meiner Liebe zu Jesus.
Du bist die Pforte zur Gerechtigkeit.
Goldene Rose, o so duftig.
Heilige Mutter, Dich liebe ich zärtlich.
Du bist meine Mutter, o Maria,
in Dir preise ich Jesus, Deinen Sohn.[6]

19. März 1993

Maria,

Schönste aller Frauen, Zierde der Erde.
Der Schoß, aus dem die Menschwerdung Gottes
Wirklichkeit wurde.
Vom Heiligen Geist gebeten,
in ihrem Schoß die Wahrheit und Liebe,
die Großmut und Selbstverleugnung
aufblühen zu lassen.
In Dir, der Dienerin, ist Gottes Allmacht offenbart.
Er hat Dich gesegnet,
um die Nächte aller Kritik zu durchschreiten.
Er hat Dir die Liebe geschenkt, Mutter aller zu sein.
Du bist das Beispiel unerschütterlichen Glaubens.
Du hast die Übernatur bejaht,
hast Vertrauen gehegt in den, der Dich begnadete.
Erleuchtet vom Geist,
erlebtest Du den Hochzeitskuß des Heiligen Geistes,
erfuhrst Du die Liebe des Vaters
in höchster Zärtlichkeit.
Zum Erstaunen des Menschen
lebte in Dir die göttliche Macht,
überließest Du uns die Zuneigung zu Deiner Reinheit.
Ganz vollkommen, ließest Du uns die Gewißheit
Deiner Fürsprache bei Gott.
Mittlerin aller Gnaden sagt man von Dir.
In Milde blickst Du auf das Kind,
das Deiner Obhut anvertraut ist.
Du preist die große Liebe Gottes,
stimmst das Magnificat an,

damit die Welt es doch erfasse.
In dieser Nacht,
in der die Verzweiflung sich auftut,
in dieser Nacht
wird die Welt vielleicht Deinen Anruf hören.
Es hängt von unserem Glauben ab,
was in uns leuchtet.
Es hängt von unserer Willenskraft ab,
die die Liebe ausstrahlt.
Es hängt von uns ab,
ob wir an dem Aufbau seines Reiches mitwirken.
Mutter, schwere Prüfungen warten auf uns.
Du beantwortest unsere Angst,
zeigst auf dieses Kind
und tröstest uns mit den Worten:
„Heute ist der Retter geboren,
er ist beauftragt, den Menschen zu helfen."
Mutter, Leiden holen uns ein,
wir schauen auf Dich
und sind beeindruckt von der Armut dieser Geburt.
Wir hören Deine Stimme, die sagt:
„Habt keine Angst, euch ist der Retter geboren,
er, der all Eure Leiden kennt,
er, der all Euren Kummer von Euch genommen hat."
Wachsame Mutter, gegenwärtige heilige Mutter,
Gottes Wort hat in Dir Leben angenommen.
Unfaßbar Deine Schönheit.
Meine zerbrechliche Seele rühmt Dich.
Dich preisen alle Völker.
Maria, o so gute Mutter,
Du bist geliebt für Zeit und Ewigkeit.[7]

22. Dezember 1993

Maria,

o Traumbild jedes Gedankens,
o Tabernakel reiner Herrlichkeit,
blühender Garten edelster Zucht,
von Gottes Hand gepflegt,
in dem menschliche Schwäche fremd.
Pforte Jesu Christi,
des menschgewordenen Gottes.
Gebenedeite Mutter,
von feinster Machart geformt,
liebevolle Mutter,
geboren, um Liebe für alle zu sein.
Tempel des Heiligen Geistes,
aus den Orkanen auf uns herabgekommen.
O Garten, so rein,
die würdige Stätte für Gottes Sohn.
Die Welt sollte Dich erkennen als die Zarteste,
als die Lieblichste,
als die Vollkommenste unter allen Geschöpfen.
Sie sollte Dich ehren, die uns Christus schenkte.
Sie möge Dich lieben,
denn Deine Seele ist Gottes Schau.
Deine Augen spiegeln kristallklar Gott.
Aus Deinem Schoß quoll die Liebe,
vom Himmel gesandt.
Selig bist Du, voller Gnade, selig Dein Schoß.
Selig bist Du, Jungfrau und Mutter,
der Heilige Geist war die Kraft der Zeugung.
Selig bist Du, die im Fiat sagte:

Mir geschehe nach Deinem Wort.
Selig bist Du in Deinem Glauben.
Selig bist Du unter den Frauen.
Selig bist Du, denn alle Welt blickt auf Dich
als die makellose Jungfrau.
Seraph des Himmels,
zu liebevoll, um Mensch zu sein.
O Licht, leuchtend am Himmelstor.
Süße Frau voll Milde. Du Schönheit,
Du Glanz in erhellendem Licht.
Du Sonne, von der ich geblendet.
Du Spiegel Gottes.
Du Licht ungewohnter Glut.
Führe mich, o Mutter, zum Himmel hin,
überrede mich, damit ich Gott zur Ehre diene.
Umarme mich, damit ich Dich spüre.
Blicke auf mich, damit Dein strahlendes Auge
mich zum Himmel richtet.
Greife ein in diese Welt,
rette, die heute noch vor Gott treten.
O arglos Reine, äußerste Kraft Gottes,
bitte für mich, die Dich als liebste Mutter liebt.
Heilige mich, die angetan von Deiner Reinheit,
die Erfüllung sucht.
Sättige mich mit himmlischer Seligkeit,
damit ich Gott und Dich
für eine ganze Welt ehren kann
jetzt und in Ewigkeit. Amen.[8)]

15. August 1986

Maria,

o Unbefleckte, von der Gott Vater träumte,
von Ewigkeit geliebt,
Jungfrau, aus deren Schoß
der Erlöser geboren sein wollte,
Du zeigst der Welt,
welches Erbarmen uns gewährt.
Du bist der Preis,
der das Geheimnis enthüllte.
Vom menschlichen Verstand bist Du nicht zu erklären.
O makellos Reine,
uns zur Mutter geschenkt,
Schutz für unsere Ewigkeit.
Seliger Spiegel,
der mich zu Gott hinkehrte,
Trösterin, in welche Liebe ich doch schaue,
Tempel Gottes, in dem die Liebe neu geboren.
Die Güte, die reich an Gnade
die Quelle der Hoffnung strömen läßt.
Du bist so groß, o edle Mutter,
in Deinem Namen sprüht die Milde,
in Dir ist schmerzliche Herzlichkeit,
bei Dir ist Edelmut, an Dir wird schaubar,
was in Deinem Schoß dem Geschöpf zuteil geworden.
Dein Fiat verlieh uns die Kraft,
das Erbarmen zu erwidern,
in Dir erlebte die Schau die Ewigkeit.
O Gnadenfülle, die ich begehre,
ewige Sonne, die leuchtet an des Himmels Höhe,

was mir gewährt in tiefem Glanz das Heil,
aus Dir geboren.
Brennende Freude
selig bist Du, o so Reine,
selig Dein Schoß, der Gott gebar.
Selig bist Du, denn aus Dir ist gebrochen der ewige Tod,
selig bist Du, aus deren Herz die Liebe flutet,
selig bist Du, Tür des Himmels,
Pforte der Erlösung,
heile unsere Welt,
in der die Liebe entschwunden,
befreie uns von unserer Kälte,
bevor wir erstarren in Lieblosigkeit.
Heilige uns,
damit Du uns als Blickfang bleibst für die Ewigkeit.
Liebe uns,
sprich für uns vor bei Jesus, Deinem Sohn,
Beschützerin der Gerechtigkeit,
sei uns barmherzig im Sterben. Amen.[9)]

21. August 1986

Die Mutter Gottes hatte im Leben von Mutter Marie Therese eine starke Bedeutung.
Den die hier abgebildeten Statuen galt ihre besondere Zuneigung.

„Stern des Meeres" – Gnadenbild der Mutter Gottes
in der Basilika von „Unserer Lieben Frau"
in Maastricht / Niederlande

Unsere Liebe Frau
von Tschenstochau / Polen

Maria mit Kind
in der Hauskapelle
der Communio in Christo

Mutter Gottes
in der Gründungskapelle
der Communio in Christo

Madonna
aus dem Gründungszimmer von Mutter Marie Therese

Maria,

so zärtlich spricht mein Mund: Mutter!
Nicht unerhört bleibt mein Flehen.
Mein Rufen steige hinauf zu Dir, o Reine,
Seraph des Himmels,
zu erhaben, um menschlich zu sein,
eine Mutter feinster Wesensart,
begütert mit einer Milde ohnegleichen.
Licht, Liebe, Unsterblichkeit
drücken Deine Heiligkeit aus,
süße Wonne des irdischen Zerfalls.
Glorie, in deren Licht ich bade,
der ich mich anvertraue in großer Hoffnung,
zu der ich flehe, wenn mir Angst geblieben,
unter deren Mantel ich Schutz gewinne.
Stern, der jeden Sturm abwendet,
Schönheit, die nie erlischt,
in Dir wird mir Jesus zur Offenbarung,
meine Erwählung,
als Kind Gottes Deiner Obhut anvertraut.
Heiliger Tau umgibt Deine Reinheit,
die Dreifaltigkeit wird in Dir
zum sichtbaren Gegenstand.
Mein Leben, von Deinen Augen erglüht,
meine Worte, von Deiner Minne belebt,
werden von Dir zum Himmel getragen.
In goldene Pracht gehüllt, beschützt Du mich,
legst Du zu Deiner Ehre das Wort „Mutter"
in den Mund.

Zärtlich blickst Du mich an,
wenn ich mich Jesus nähere.
Vor Glut entfacht, nimmst Du mich in Dein Herz,
wenn mein Herz sich für Jesus entfacht.
Beschützend nimmst Du meine Angst,
wenn ich neige zu straucheln.
Du nimmst meine Verantwortung
und beherrschst sie mit Deiner Liebe.
Du überredest mich, das Heil zu suchen.
Unter Deinem Blick, o so strahlend und milde,
lockst Du mich in den Himmel zurück.
Maria, so liebevoll,
wende ich mich zu Dir als Mutter,
ich flehe Dich an:
Rette mich und die Welt. Amen.[10)]

1. April 1987

Maria,

Mutter, Dir sei die Ehre für Deine Weisheit,
dafür, daß Du die Frau bist, die Satan besiegte,
dafür, daß Du die Jungfrau bist, die empfing,
dafür, daß Du der Mensch bist,
der in einzigartiger Weise mit Gott vereint ist.
Mutter, o schöne Frau,
die Nacht zerbricht, sie wird zum Licht,
wenn ich in Deine Reinheit blicke.
So transparent enthüllst Du Gott
in Deinem einzigen Sohn.
Mutter der schönen Liebe,
die Selbstvergessenheit in der Hingabe,
die Reine,
der Tempel des Heiligen Geistes.
Du bist die Schmerzensmutter, in der die Gottesliebe
sich in die allesumfassende Liebe verwandelte.
Betrachte ich Dich, o Mutter,
erkenne ich die Vereinigung all meines Sehnens.
Entzückt rufe ich:
O Mutter, hätte es Dich nicht gegeben …
wären wir der Gnade fern geblieben.
Gegrüßet seist Du, voll der Gnade …
Der Gruß des Engels, der unerwartete Ruf des Himmels,
erschreckte Dich,
die von Gott bestimmt, ihm so nahe zu stehen.
„Wie soll das geschehen, da ich keinen Mann erkenne?"
so antwortest Du in Furcht.
Nicht auf natürlichem Wege,

sondern übernatürlich sollte der Wille Gottes
an Dir geschehen.
In der göttlichen Liebe nahm das Wort in Dir Fleisch an.
In ekstatischem Entzücken empfingst Du die Erfüllung,
die wir im Fleisch suchen.
In reinem Genuß, mit der göttlichen Liebe im Geist,
wurde Deine Seele hingerissen,
Dein Herz, Leib und Seele erfüllt
mit der höchsten Einheit mit Gott.
Daß aus Deinem Schoß ein Kind der Liebe
geboren wurde, o Mutter,
das macht den Glauben so wirksam.
In der Ekstase mit dem Geist
bist Du die Mutter geworden,
die ja sagte zu der Erlösung.
Seraph des Himmels,
zu schön, um Mißtrauen zu erzeugen,
Licht, so voller Liebe,
Glorie der Welt,
Wunder der Gnade,
wonnevolle Schönheit, in die ich blicke,
mein Leben entflammt durch Dich in Liebe.
Ich rufe zu Dir, Mutter, in Freude und in Schmerz.
Gerührt von Deiner Wärme,
vertraue ich mich Deiner Obhut an.
In wahrer Sehnsucht gebe ich Gott die Ehre,
weil ich in Dir die Mutter finde,
die ich seligpreise als die Unbefleckte,
die empfing vom Heiligen Geist den Erlöser.
Selig bist Du, voller Gnade,
Mutter der schönen Liebe.[11)]

1. Oktober 1987

Maria,

Du Selige,
ich grüße Dich an diesem Tag,
an dem Jesus erneut geboren wurde.
Ich grüße Dich, o Himmelsblüte,
die Glorie der Ewigkeit,
die makellos Reine,
die Mutter, gerufen von Gott,
Erwählte von Gott,
gesegnet von allen Generationen.
O Selige, o Vielgeliebte,
so zärtlich in meinem Herzen geborgen.
O edler Garten,
aus welchem vier Ströme der Erlösung
zu den vier Enden der Welt fließen,
ein Garten, so rein,
daß Gott ihn erkor für die Geburt seines Sohnes.
Fleischumgürtetes Paradies der Menschwerdung,
in dem die Vermählung
zwischen Gott und Mensch stattfand.
Blühende Gartenlaube,
edle Reinheit,
vollkommenes Abbild des Menschen,
zu schön, um vergessen zu sein,
zu erhaben, zu trostvoll,
um ihre Reinheit zu bezweifeln.
Du selige Wonne,
ich grüße Dich, die mein Fiat begleitet,
ich liebe Dich, o schöne Mutter,

in der Hingabe mein Vertrauen,
in der Reinheit mein Vorbild,
im Gehorsam mein Friede.
Ich staune nicht, wenn man Dir die Ehre gibt,
die unverkennbare Wirklichkeit
des menschgewordenen Wortes.
O, ich grüße Dich, Meeresstern,
unbefleckte Mutter,
in deren Schoß die göttliche Macht
vertraute Gegenwart erreichte.
O, ich begegne Dir in Ehrfurcht,
erbitte Deine Liebe,
damit ich mich in gehorsamer Ergebenheit
dem Willen Gottes zur Verfügung stelle.
O Frau aller Träume,
Vorbild der Liebe,
von Gott geliebt, bevor die Welt geschaffen wurde.
Selig bist Du, voll der Gnaden.
Selig Dein Glaube,
selig Dein Fiat,
mit dem Gott Menschengestalt annahm.
Selig bist Du, Königin des Himmels,
geehrt von allen, die an Gott glauben,
die Deine Jungfräulichkeit besingen,
die Dich als Mutter anrufen,
denn Du bist die Mutter von uns allen,
die Mutter, die uns unter ihren Mantel nimmt,
uns begleitet bis zu ihrem Sohn.
Selig bist Du, die ich zärtlich grüße
in dem einen Wort: Mutter![12]

1. September 1988

41

Maria,

selig bist Du, Maria, schönste aller Frauen,
bewunderte Reinheit, verehrungswürdige Königin.
Selig bist Du, in der die Schönheit und Reinheit
zur höchsten Entfaltung entwickelt sind.
Seraph des Himmels, Herrin der Welt.
Selig bist Du, Mutter,
mit Milde, Güte, Sanftheit und Heiligkeit
bist Du geschmückt.
Selig bist Du, o Licht der Welt,
in dem Liebe und Unsterblichkeit
ihren Glanz verbreiten.
Selig, Du Sonne im ewigen Tod,
verschleierte Herrlichkeit einer finsteren Welt.
Du Reine, unbefleckt jungfräulicher
Gipfel der Reinheit,
Spiegel der Gerechtigkeit,
goldene Rose.
Enttäuscht durch die Liebe zur Welt,
war Dir die weltliche Liebe fremd.
Äußerste Grenze von Gottes Kraft,
reine Magd und doch Mutter.
Der Glaube fällt, der Deine Reinheit leugnet.
Selig bist Du, voll der Gnade.
Selig bist Du, Mutter,
aus Deinem Schoß
wurde der Sohn des Allerhöchsten geboren.
Selig, jungfräuliche Mutter,
vom Geiste überschattet,

in Dir erfüllt sich Gottes Wille.
Die Frucht Deines Fiats
erzeugte Liebe inmitten des Todes.
Selig, o Mutter, sei gepriesen,
Du, die die Größe Gottes rühmte.
Flammende Hoffnung in Zeiten der Verwirrung,
Königin des Friedens,
Mutter des Heiles,
rette uns vor Verderben,
leite uns zum Frieden,
rufe uns auf, die Reinheit zu bewahren.
Rufe uns zu
und forme uns nach dem Ebenbild Gottes.
Mutter der heiligen Liebe, rette uns
Gepriesen bist Du, gute Mutter,
meine Fürsprecherin bei Jesus, Deinem Sohn.
Selig bist Du, meine liebe Mutter![13)

8. Dezember 1988

Stella Maris,*
liebe Mutter, mein Herz erweitert sich,
wenn ich an Dich denke.
Energie bewirkt Deine Reinheit,
in der ich Dich, o so Makellose, rühme.
Unter Deinem Schutz bewegt sich mein Leben,
das Dich sucht in Deinem Fiat.
O, ich rühme Dich, glorreiche Mutter,
die Zierde meiner Sprache.
Mein Herz, voll der Liebe,
grüßt Dich, o Mutter,
die mich mit zärtlichem Zwang
Schritt für Schritt in die totale Loslösung führt.
Ich preise Dich, die mir befahl
und mich mit mütterlicher Verbundenheit beschützt.
Ich sage Dir Dank, die meinen Gehorsam ermöglichte.
O gnadenvolle Mutter,
die zur Kraft der Einfalt des Glaubens gelangen läßt.
Mit welcher Fürsorge nimmst Du mich
im innerlichen Gebet,
mit welcher Geduld bietest Du mir
Dein unschätzbares Geleit.
O, wie drängst Du mich,
in großer Liebe für die Priester zu opfern.
Mit welch aufmerksamem Herzen
schenkst Du mir die Gewißheit,
keine Leiden verlorengehen zu lassen.
Wie lehrst Du mich, Jesus in demütigem Vertrauen
und mit Zärtlichkeit bis nach Kalvaria zu folgen.

Wunderbar erblüht unter Deiner Obhut
das schweigende Gebet,
die Verschmelzung mit Gott.
Im Schoß Deines unbefleckten Tabernakels
hast Du mich berührt,
um mich mit Jesus zu vereinigen.
O Mutter, die ich grüße,
die ich liebe,
mit Wonne denke ich an Dich, allerliebste Mutter,
die dem Werdenden zustimmte
und wie Du das heranwachsende Leben,
das den Messias hervorbringen sollte,
nach dem Willen Gottes formtest.
Ohne Makel, frei von der Erbsünde,
verherrlichtest Du Gott.
Mutter, wer wird Dich nicht lieben,
die im Genuß der Einheit mit Gott,
Dich, die ergriffen vom Heiligen Geist,
aus Deinem unbefleckten Schoß
Jesus in die Welt hineinführte,
in Gott hinein?
Mutter, heute schenke ich Dir erneut meine Seele,
von Gott geformt, von Gott genommen.
Mit Dir ergebe ich mich dem Geistwirken,
damit an mir geschehe das Wort des Erbarmens.
Heute erneuere ich mein Versprechen,
mit dem ich vor 43 Jahren Dir mein Elend übergab,
damit Du es unter Deinem Schutz heiligen werdest.
Mein Herz jubelt,
wenn ich Dich anspreche mit „Mutter".
Der Hauch des Geistes traf mich dort,
wo ich sehr schwach und unfähig bin.

Innerlichkeit gabst Du mir,
die Offenbarung der Liebe
schenktest Du meiner Finsternis.
Sanft wie nie ist die Melodie Deiner Schönheit.
Du läßt mich die Zärtlichkeit Deiner Sprache hören.
Worte des Trostes begleiten meine Leiden.
Rein ist Deine Liebe,
die mich schützt vor der Sünde.
Verzehrende Glut überträgst Du,
damit mein Herz nur eine Sprache von sich gibt.
Mutter, Du Allerschönste,
Smaragd des Himmels,
Glorie des ewigen Gottes,
Schönheit, die ich preise,
Reinheit, die ich anbete.
Mutter, die ich liebe.
Stella Maris,
Dir weihe ich mein Leben für die Heiligung der Priester.
Ich rufe Dich,
nach Dir sehne ich mich.[14)]

15. August 1989

* Stella Maris = Stern des Meeres

VORBILD DER HINGABE

Mutter,
im Abgrund des Schmerzes rufe ich Dich,
meine Mutter.
Meine Hoffnung bist Du,
die von Gott Bevorzugte.
Du bist die gekrönte Jungfrau,
die unbefleckt Reine, so wirst Du genannt.
Gepriesen ist Dein Name.
Die Epoche verdichtet sich, wenn ich Dich erwähne.
Ich brauche Dich nur zu rufen,
um von Dir verstanden zu werden.
Eine Vielfalt von Worten,
die ich aussprechen möchte,
drückt das Ganze aus.
Mutter, Jungfrau, Unbefleckte, o so Reine,
die anregendsten Namen für einen Glauben,
der nachvollziehbar ist.
Zu Unrecht bezweifelt man Deine Reinheit.
Jede kritische Reflexion
ist die Definition einer Legende,
eine Regung des ungläubigen Herzens.
Gottergebene Frömmigkeit war Deine Zierde
in einer Hingabe, die die Welt umfaßte.
Schmerzensmutter wirst Du genannt.
Bedrohungen möchte ich von Dir schaffen.
Die Tiefe des Heilsverständnisses öffnetest Du,
die ich so zärtlich Mutter nenne.
In liebender Zuneigung grüße ich Dich,
o selige Wonne, die Gelassenheit in meiner Angst.

In den Prüfungen bist Du die o so milde Mutter.
Deine mütterliche Fürsorge umfängt mich
in allen Schicksalen meines Lebens,
die dem Einbruch des Erbarmens
Einhalt zu gebieten vermochten.
O Mutter,
mit Deinem Fiat wurde in Jesus Christus
die Liebe und das Erbarmen Wirklichkeit.
Wenn ich mein Jawort in Deine Hände ausspreche,
bereicherst Du es mit jener reinen Absicht,
damit es, ganz auf Gott hin geschenkt,
das Maß der Liebe bestimmt,
mit der es zur Großmut des Herzens wird,
Gott zur Glorie.
Du, meine liebe Mutter,
überreichtest mir die Kraft,
aus meinem Gefesseltsein
in die Weite der Liebe hinauszugehen.
Du ließest mich unter Deinem Schutz ausbrechen,
über die Grenze hinaus.
Du schenktest mir die Hoffnung,
damit mein Herz über die Schwelle des
Unvermutbaren hinausging,
um im Dienst am Nächsten
die Enge des Egoismus zu überwinden.
Hingerissen von Deiner Schönheit,
ergriffen von Deiner Reinheit,
angetan von Deiner mütterlichen Fürsorge,
getrieben, Dich zu preisen,
in Dir die Pforte erkennend, –
die mir Zugang bietet zu Deinem Sohn,
grüße ich Dich in der zarten Melodie

des einen Wortes: allerliebste Mutter,
mein Vorbild der Hingabe.
Du hast die Welt aufgerichtet,
so lauter und gut,
die unmittelbare Nähe zu allen,
meine und aller Mutter.[15)]

1. September 1989

Maria,

die Größe der Ziele, die Treue zum Jawort,
die Geduld in Enttäuschungen.
Mit einem Herzen voller Zuneigung
grüße ich Dich, Maria, die Begnadete.
Ungezählte rufen Dich Du Reine,
aus der Liebe Jungfrau und Erkorene.
Mutter wirst Du zärtlich genannt.
Deine Zierde ist Deine Treue.
In der Entschlossenheit eines Jawortes
wuchs endlose Kraft.
Heiliges Feuer des Idealismus.
Können und Dürfen wurden zum Leben.
Freiwilligkeit machte Deine Liebe sichtbar.
Sinn gabst Du der Reinheit.
Vertrautes Dasein schaffte in Dir Gegenwart.
Vom Licht des Makellosen bist Du umgeben.
Ziel und Endpunkt unserer Heiligung.
Dein Fiat erbrachte Leben.
Das Wort Gottes nahm Gestalt an.
Mystik und der Menschgewordene – ein Christus,
einer in verschiedenem Dasein.
Mystisch so wirklich,
die Wahrheit in dem einen Wort „Mutter".
Fortzeugendes Glück,
Maria, meine Mutter,
ich grüße Dich, deren Liebe mich umgibt.
Du stehst vor mir als das große Zeichen,
das soviel Licht verbreitet,

daß es mich blendet.
Mutter der Kirche,
Mittelpunkt der Urkirche,
Schutz des Glaubens,
Du überwindest alle Spaltung.
Du, o Mutter, läßt Kälte zum Brand werden.
Du bist die Hilfe in der entscheidenden Stunde.
Du kündest Gott in Heiligkeit.
Der Sünde gibst Du Widerstand in Deiner Reinheit.
Dein Bild ist in mein Herz gegossen.
Schönheit, Reinheit und Milde
sind in mir zu Gast.
Güte und Wärme, mit denen Du mich umhegst,
erfüllen mein Leben.
O Wunderprächtige, voll der Geistesherrlichkeit,
Urbild aller Kraft,
Sehnsucht treibt mich, zu Dir aufzuschauen,
zu einer Mutter, o so rein.
Bild des Verlangens,
Mutter aller Zuversicht,
Lebendiges Dasein erinnert mich an Dich,
die ich zärtlich Mutter nenne.
Durch Dich und über Dich
ehre ich Gott für diesen Tag,
an dem ich mich vor fünf Jahren
Deinem Fiat angleichen durfte.
Neue Lebendigkeit gewann die Menschwerdung,
neuen Schwung erhielt die Dynamik,
erlöst zu sein.
Die ganze Weltgeschichte wird umfaßt,
um emporzuschauen,
um die Liebe zu verstehen,

mit der die Schranken des Gesetzes durchbrochen,
um neu Dich zu entdecken,
Dich, die Mutter,
die ja sagte zu meiner Rettung.
Laß mich dann die Mutter ehren,
die meinen Weg ebnete,
die mich kräftigte,
wo Enttäuschungen mir nicht fehlten,
die mich beschützte, wo Gefahr mir drohte,
die mich liebte, wo ich Gott beleidigte.
Ich höre ihre Worte, wo ich versage,
wo die Freiheit lockt.
Nur ein Wort bringt mein Mund hervor:
Mutter, ohne Dich könnte ich nicht bestehen![16)

8. Dezember 1989

Maria,
kein Wort drückt Deine Reinheit aus.
Deine Liebe überragt mein Denken.
Groß ist Deine Demut,
aus der der unsagbare Gott Mensch wurde.
Unerforschlich das Geheimnis,
das sich mit Deinem Fiat vereinte.
Alle Wesen verkünden Dich und erweisen Dir die Ehre,
o Du Begnadete,
o Du Reine,
o Du Schmerzensmutter.
Deine Liebe läßt einen Hymnus zu Gott emporsteigen.
Durch Dein Jawort beharrte die Bewegung der Gnade.
Wie werde ich den Nebel
eines Geheimnisses durchdringen,
der Gottes wesensreiche Kraft blendet?
Unwirklich sind meine Worte,
in denen ich das Erbarmen Gottes rühmte,
das mich dem Tod entriß.
Deine Milde, Deine Ergebenheit,
und Deine makellose Reinheit
öffneten den Weg zu meiner Rettung.
Dein Fiat ist die gewaltlose Kraft der Liebe
in einer gewalttätigen Welt.
Goldene Rose wirst Du genannt.
Schmerzensmutter ist der Ehrentitel
einfacher selbstverständlicher Hingabe einer Mutter.
Deine Unbefleckteit,
Deiner Reinheit gleich,

ist die Deutung der Macht Gottes.
Meine Sehnsucht nach Jesus verdichtet sich
auf der Suche nach Herrlichkeit.
Über Dich rufe ich:
Bewahre meine Seele vor unreinen Einflüssen.
Eine Oase der Ruhe hast Du mir geschaffen,
die alle Schönheit von sich gibt
und in tiefer Schau ein Geheimnis erfaßt,
das sich in liebender Verschmelzung
mit einem Fiat der Welt kundtut.
In Dir ist Gottes Macht zur Offenbarung gekommen.
Aus Dir bricht der dreieine Gott hervor.
In der Bedrängnis fand ich Dich.
Du zeigtest mir so vertrauensvoll
das Tiefste und Innerste jener Wirklichkeit Gott,
der aus Deinem Schoß Mensch wurde.
Verborgene Herrlichkeit der Liebe,
zu groß für den Egoismus, zu rein für den Stolz.
In der Selbstlosigkeit
komme ich zum Glaubensbekenntnis,
in der Demut zum Lob an Gott,
der uns Dich als Mutter schickte.
Sei gegrüßt, o reine Mutter,
die ich so liebe.[17]

31. März 1990

Maria,

selig bist Du, o süßester aller Namen.
Selig Dein Fiat, aus der Gottes Wort Fleisch annahm.
Selig bist Du, Mutter der Welt.
Selig der Schoß, der Christus getragen.
Selig bist Du, deren Bild mir bis ins Herz vorgerückt.
Wunderschöne, o so milde Mutter.
Sinnbild alles Guten.
Idealbild der Einheit.
Mutter, zu der ich hochschaue,
zu dem Urwillen Gottes.
Selig bist Du, gute Mutter,
Du stehst vor mir als das große Licht,
das mir im Kampf mit dem Bösen
die Macht des Sieges ermöglicht.
Selig bist Du, Mutter der Kirche,
Schützerin des Glaubens.
Gepriesen ist Deine Unbeflecktheit,
in der die Erlösung ein Faktum ist.
Du kündest Gott, o selige Mutter.
In Dir, Maria, leuchtet der Adel der Heiligkeit.
Der Sünde widerstehst Du als die Imakulata.
Den Stolz übertriffst Du als die Magd des Herrn.
Sei gepriesen, o liebe Mutter,
als Schmerzensmutter mir so vertraut.
Du hast gelitten wegen der Sünde,
wegen unserer Schuld vor Gott.
Die Wundmale Deines Sohnes
erbrachten in Deinem Herzen das Mitleid mit der Welt,

ebenso wie nur Du unsere Erlösung erlebtest
und die Liebe erfassen konntest,
mit der Gott uns geliebt hat.
Selig bist Du, Mutter,
lebendiger Altar Christi,
Zuflucht der Sünder.
Selig bist Du,
die Hoffnung, den Retter und Erlöser
in seiner Liebe zu erfassen.
Gepriesen bist Du, Maria,
unter Deinem Schutzmantel
finde ich mein einziges Glück: Gott.[18)]

14. November 1990

SCHMERZENSMUTTER

Maria,
die Mutter, die ich liebe.
Mater Dolorosa,
die tragische
und o so einzigartige Mutter.
Du, o Erkorene, hast um das Schicksal
Deines Sohnes gewußt.
Voll der Gnade hast Du begriffen,
daß aus Deinem Schoß das unwiderlegbare Zeugnis
einer unermeßlichen Liebe geboren wurde.
Der Konflikt zwischen Liebe und Haß
erbrachte den Sieg über alles Verlorene.
Einzigartige Schönheit und blendende Reinheit in Dir,
o Mutter, erweckt Staunen.
Du warst ausersehen,
Tempel des dreieinigen Gottes zu sein.
Die Eroberung des Himmels ist besiegelt
durch Dein Jawort.
Du kanntest den Weg zum Sieg,
wußtest um den Preis meiner Rettung.
Ermessen durftest Du die Frucht des Geschehens,
erleuchtest uns mit der Macht des Geistes.
Sprudelnde Quelle eines Liebesstromes,
aus der Freiheit eines Fiats staunend,
das Heil für die ganze Welt.
Du Himmelskönigin, voll der Gnade.
Reine Braut, die Liebe des Heiligen Geistes.
Sonne der Freiheit, hoch über allem Geschaffenen,
so einfach erklingt der Name „Mutter".

Die Niederlage des Satans hast Du erlebt,
die Schwere aller Bosheit verwandelte sich
in Dir zum Schmerz,
Schmerzensmutter ist der Ausdruck einer Liebe,
die nur in Gott ihre Wurzeln hat.
Die Erlösung der Welt trieb Dich
in Blut und Leben zur einzigen Sehnsucht,
das Wesen Gottes offenbart zu wissen.
Aufrecht, unvergleichbar schön,
voll des Wesens Gottes,
die Anziehungskraft für den Glauben.
Einfachheit, Großmut und Edelmut sind Deine Taten.
In Deinem Magnificat erklärt sich, wer Gott ist,
der eine solch edle Rose hervorbrachte.
Deine Reinheit spiegelt Gottes Antlitz wider.
Wer nicht an Deine Jungfräulichkeit glaubt,
stellt sich über Gott.
Du hast zugehört und hast nicht vergessen,
Dich von Gottes Willen abhängig zu machen.
Freude hast Du der Welt überlassen,
Du hast uns gegeben das menschgewordene Wort.
Du allein wußtest um das Kind,
das aus dem Himmel stammte und Fleisch annahm,
damit sich durch sein Leben und Sterben
die Communio mit dem Menschen verwirklichte.
Der Leib Jesu ist unsterblich da.
Die Narben seiner Wunden sind mir geblieben,
um erlöst teilzuhaben an der Glorie Deines Sohnes.
Du, o Mutter, lenkst mich,
damit ich in Treue ausharre
als Dank an Dich, o allerliebste Mutter.[19)]

12. März 1991

TÜR DES HIMMELS

Maria,
o seligste Jungfrau, die ich grüße,
Idealbild der Reinheit.
Meine Sehnsucht erfüllt sich,
wenn ich zu Dir hochschaue.
Urbild des Willens Gottes,
Allerreinste wirst Du genannt.
Jungfräulichkeit ist die Zierde,
die Dich zur Mutter Gottes erhob.
Die schönsten Auszeichnungen reichen nicht aus,
Dich zu ehren.
Aus Deinem Schoß entspringt die Quelle der Liebe.
Mit Deinem Fiat erreichte uns die Erlösung.
In Deiner Reinheit glänzt die Gerechtigkeit.
Du bist das Zeichen dieser Erde,
die Bewegung zum Akt des Glaubens.
Urbild jener Macht, von Gott geschenkt,
wurdest Du die Schmerzensmutter,
fest im Jawort, sicher im Bereitsein.
Das Kreuz Deines Sohnes stand vor Dir,
und obwohl dies Dein tiefster Schmerz war,
zerbrachst Du nicht.
„Mater Dolorosa" ist der Wert Deiner Hingabe,
die sich für meine Berufung bewährt.
Dein Bild trage ich im Herzen.
In Deinem Fiat ruht meine Schwachheit,
in Deiner Reinheit bin ich geschätzt,
in Deiner Treue gewinne ich den Mut,
nur noch auf Jesus zu schauen.

Ursache meiner Freude,
herrliches Gefäß meiner Furcht vor Gott,
mystische Rose,
Tür des Himmels.
Was kann mein Herz Dir geben,
wenn nicht den Dank an Jesus Christus,
der mit und aus Dir mein einziges Glück wurde?
Du stehst vor mir als das große Licht,
das diesen Tag erfüllt in der Offenbarung Gottes,
der in dem Adel Deiner Heiligkeit erstrahlt
als die ewige Liebe.[20)]

15. August 1991

Maria,

Unbefleckte, reine Jungfrau,
Mysterium göttlicher Allmacht,
Ausdruck des Geistes,
das Auge der Zukunft,
Braut der Kirche,
Abglanz des Gründers.
In Dir, o allerheiligste Mutter,
ist die Geschichte die Ursache
für die Willenserfüllung der Geistesmacht in der Kirche.
Du bist der Akt des Glaubens in Vertrauen auf Gott,
die Hingabe für die Liebeseinheit,
die Zuneigung zum lebendigen Gott.
Du hast Zeichen gegeben,
die unseren Glauben kräftigen
in dem respektvollen Satz: Ich glaube.
In Dir läßt sich die Würde eines Menschen finden.
Universale Beschützerin allen werdenden Lebens.
Erhabene Mutter, die uns in Demut zeigt,
was der Heilige Geist in der Botschaft des Engels wirkt.
In Dir schauen wir Gott im dreifaltigen Sein,
die ganz heilige Mutter,
die Jungfrau, die Braut,
die goldene Rose,
das Abbild verheißenen Glücks.
Vom Heiligen Geist geführt, ganz sein Besitz,
der Geist ihrer Seele,
des Geistes Feuer,
das Geschenk, Gottes Herz.

Urbild des Glaubens und der Hoffnung,
in der Liebe und Hingabe.
Höchstbegnadete, o gnadenvolle Mutter,
strahlender Blick in Zeit und Ewigkeit.
Durch Gnade die absolut Reine,
ohne Sünde.
In der innigen Verschmelzung
zwischen dem Wort und Dir
das Band allerinnigster Vertrautheit.
Der Zwang für den Unglauben,
Gott zu erkennen in Macht und Majestät.
Heilige Mutter,
in deren Heiligkeit Gott die Geschichte
und den Glauben eines jeden bestimmt.
Die Jungfrau, in der Gott auf unser Ziel verweist.
Maria, aus der die Vermittlung
der Offenbarung hervorgeht,
die Gottes Liebe in uns ergießt,
die unsere Ohnmacht aufrichtet,
die alle Lauheit und allen Unglauben zerschlägt.
Die unwiderstehliche Schönheit,
vom Heiligen Geist geformt und geleitet.
Mutter Gottes, die von Reinheit strahlt,
in der die Freiheit des Heiligen Geistes
das Suchen erzeugte,
aus deren Reinheit die Heiligkeit Gottes leuchtet.
O Maria, Dein glorreiches Dasein,
so lieblich und anmutig,
erhaben und mit unsagbarem Frieden geschmückt.
Die erhabene Frau, die Erkorene,
das Zeichen göttlicher Majestät und Liebe,
Dich bitten wir:

Laß uns Dich lieben, die uns zur Mutter wurde.
Laß uns in Dir an Gott glauben,
an seine ewige Liebe.
Laß uns über Dich Jesus, Deinem Sohn, danken,
der aus Deinem Schoß
uns zum Heil geworden ist.
Mutter, Du bist die Ikone des Heiligen Geistes.
Zu Gott geht unser Dank,
der sich in Deiner Reinheit offenbarte
als Alleinherrscher in der Liebe.[21]

25. November 1991

Mutter Marie Therese wurde am 21. März 1927 in dem kleinen niederländischen Städtchen Oud-Valkenburg geboren und erhielt bei der Taufe den Namen Josephine Theresia Linssen. Mit 12 Jahren erlebte sie während der Wandlung bei der heiligen Messe in einer geistigen Schau die Wesensverbundenheit des Priestertums und der heiligen Eucharistie. Mit 19 Jahren weihte sie vor dem Gnadenbild der Gottesmutter „Stella Maris" (= Stern des Meeres) in der Basilika von Maastricht ihr Leben der Heiligung der Priester und dem Heil der Welt. Ihr Wunsch, in den Karmel einzutreten, erfüllte sich nicht, weil der „innere Befehl", selbst etwas zu gründen, sich seit ihrem 16. Lebensjahr immer mehr in ihr festigte. Im Alter von 24 Jahren legte sie vor dem Provinzial der Karmeliten die Gelübde der drei Evangelischen Räte ab und verpflichtete sich gegenüber Gott zu Armut, Keuschheit und Gehorsam. Sie wählte den Schwesternnamen Marie Therese de Jesus.

Ständig von wechselnden Krankheiten heimgesucht, die sie schon in jungen Jahren manchmal an die Schwelle des Todes führten und die sie immer tiefer mit der Passion Christi verbanden, festigte sich ihre mystische und charismatische Sendung konkret in der Gründung ihrer Gemeinschaften und Sozialwerke. Mutter Marie Therese rief in den Jahren 1977 bis 1981 die Unio-Gemeinschaften für Priester, Schwestern und Laien ins Leben, die ihren Zusammenschluß fanden in der Gründung des Ordens Communio in Christo am 8. Dezember 1984 in Mechernich, Deutschland.

Kontemplation und Nächstenliebe sind die Grundpfeiler für ein Leben in der Nachfolge Christi.

„Das Ziel meiner Gründung ist, als ein Volk Gottes unterwegs zu sein in der gelebten Verkündigung, nach den Dekreten des II. Vatikanischen Konzils, im Einklang mit der Tradition, der Lehre und den Konzilsbeschlüssen den bestimmten Platz innerhalb der Kirche zu erwerben. Für mich gibt es keine Trennung von der Kirche, sondern mit dieser Gründung gibt der Geist das Zeugnis seines Lebens und Wirkens", sagte Mutter Marie Therese am Gründungstag der Communio in Christo.

Seither entfaltet sich das große Liebeswerk der früh vollendeten charismatischen Frau in der Sorge um Schwerstpflegefälle, AIDS-Kranke und jener Ausgestoßenen, deren sich niemand mehr annehmen möchte. In der Geborgenheit ihrer Häuser haben manche Menschen vor ihrem Tod in den Frieden mit Gott zurückgefunden. Das Lebenswerk von Mutter Marie Therese blieb freilich nicht ohne Anfeindungen. Sie selbst beklagte ihre Startschwierigkeiten mit dem Hinweis, daß sie „als Frau" die Initiative zu einer Ordensgründung in der Kirche ergreife. Dennoch stand sie Zeit ihres Lebens in Korrespondenz mit dem Heiligen Vater und dem zuständigen Ortsbischof. Literarisch begabt, hinterließ Mutter Marie Therese ein umfassendes publizistisches Werk, in dem sie die geistige Motivation ihres Denkens, Fühlens und Handelns grundlegte und erläuterte. Dem französischen schismatischen Erzbischof Lefebvre schrieb sie zahllose – übrigens nie beantwortete – Briefe, um den Bruch mit dem Papst abzuwehren. Einmal notierte sie: „Die Liebe mitten im

Volk könnte alle Spannungen innerhalb der Kirche beenden."

Mutter Marie Therese starb am 11. April 1994. Ihre Liebesbotschaft fand vor allem in Polen große Resonanz. Das Mutterhaus befindet sich an der Bruchgasse 14 in 53894 Mechernich. Dort sind Schriften und Informationen über die Communio in Christo erhältlich.

Hermann Multhaupt

ANMERKUNGEN

1) Mutter Marie Therese, Anspruch an die Kirche
   – Die Lebendigkeit des Geistes,
   Pattloch, Westerngrund, 1993, S. 275
2) Mutter Marie Therese, Der befreiende Gott
   – Die Deutung des Charismas,
   Pattloch, Haibach, 1988, S. 49
3) Mutter Marie Therese, Ich bitte dich, o heilige Kirche
   – Im Namen des Geistes,
   Pattloch, Westerngrund, 1994, S. 233
4) Mutter Marie Therese, Ich bitte dich, o heilige Kirche
   – Im Namen des Geistes,
   Pattloch, Westerngrund, 1994, S. 86
5) Mutter Marie Therese, 29. 12. 1992,
   Ordensarchiv Mechernich
6) Mutter Marie Therese, Ich bitte dich, o heilige Kirche
   – Im Namen des Geistes,
   Pattloch, Westerngrund, 1994, S. 140
7) Mutter Marie Therese, 22. 12. 1993,
   Ordensarchiv Mechernich
8) Mutter Marie Therese, 15. 8. 1986,
   Ordensarchiv Mechernich
9) Mutter Marie Therese, Wer bin ich,
   daß Du mich bittest – Ein Charisma spricht,
   Paul Pattloch, Aschaffenburg, 1987, S. 222
10) Mutter Marie Therese, 1. 4. 1987,
    Ordensarchiv Mechernich
11) Mutter Marie Therese, Ein Charisma in der Kirche
    – Die Hoffnung für schwere Zeiten,
    Paul Pattloch, Aschaffenburg, 1987, S. 256
12) Mutter Marie Therese, Die Passion der Liebe
    – Ursache – Konsequenz – Intention,
    Pattloch, Westerngrund, 1989, S. 47
13) Mutter Marie Therese, Die Passion der Liebe
    – Ursache – Konsequenz – Intention,
    Pattloch, Westerngrund, 1989, S. 122

14) Mutter Marie Therese, 15. 8. 1989,
    Ordensarchiv Mechernich
15) Mutter Marie Therese, Der Weg zur Entscheidung
    – Die Liebe als Rettung,
    Pattloch, Westerngrund, 1991, S. 303
16) Mutter Marie Therese, Der Weg zur Entscheidung
    – Die Liebe als Rettung,
    Pattloch, Westerngrund, 1991, S. 349
17) Mutter Marie Therese, Die Begegnung mit dem
    Erlöser – Was fehlt an den Leiden Christi? – Unser
    Dank, Pattloch, Westerngrund, 1994, S. 386
18) Mutter Marie Therese, 14. 11. 1990,
    Ordensarchiv Mechernich
19) Mutter Marie Therese, Die Begegnung mit dem Erlöser –
    Was fehlt an den Leiden Christi? – Unser Dank,
    Pattloch, Westerngrund, 1994, S. 61
20) Mutter Marie Therese, 15. 8. 1991,
    Ordensarchiv Mechernich
21) Mutter Marie Therese, Anspruch an die Kirche
    – Die Lebendigkeit des Geistes,
    Pattloch, Westerngrund, 1993, S. 70

Karl-Heinz Haus:
„Der Befehl des Geistes" –
Geschichte der Gründung des Ordens
Communio in Christo 1939-1984
120 S. mit 57 s/w-, 3 Farbabbildungen,
22,80 DM – MuNe Verlag – ISBN 3-9805505-8-3

Hermann Multhaupt:
„Die Frucht der Liebe" –
Szenen aus dem Leben der Mystikerin und Ordensgründerin
Mutter Marie Therese Linssen.
Schauspiel in zwei Aufzügen. 66 S., 14,80 DM
MuNe Verlag – ISBN 3-9805505-6-7

Alfred Müller-Felsenburg:
„Über Grenzen hinaus" – Auf den Spuren
der Mutter Marie Therese in Polen (2)
184 S. mit 28 s/w Abbildungen, 32,80 DM
MuNe Verlag, ISBN 3-9805505-7-5

Hermann Multhaupt:
„Der begnadete Ruf" – Aus dem Leben
der Ordensgründerin und Mystikerin Mutter Marie Therese.
94 S., 16,80 DM – MuNe Verlag – ISBN 3-933425-01-8

Erhältlich bei:
MuNe Verlag, Südhang 5, 33106 Paderborn
Telefon: 0 52 54 / 6 00 93, Fax: 0 52 54 / 6 07 50